Über die Autorin:

Cecilia Lorenzo Fernández wurde 1980 in San Martín de los Andes (Argentinien) geboren. Seit 2002 lebt und arbeitet sie in Deutschland. Sie ist verheiratet und hat einen Sohn.

Leben mit Diabetes Typ 1

„Im Kindergarten"

Cecilia Lorenzo Fernández

Impressum

© 2016: Cecilia Lorenzo Fernández

Idee, Text und Illustration: Cecilia Lorenzo Fernández

Dieses Buch ist in Text und Bild urheberrechtlich geschützt.
Jede Verwertung ist ohne Zustimmung der Autorin unzulässig und strafbar.

Herstellung und Verlag: BoD – Books on Demand, Norderstedt
ISBN 978-3-7412-6620-1

Bibliografische Information der Deutschen Nationalbibliothek

Die Deutsche Nationalbibliothek verzeichnet diese Publikation in der Deutschen Nationalbibliografie; detaillierte bibliografische Daten sind im Internet über http://dnb.d-nb.de abrufbar.

Für Dich Konstantin, mein starker, mutiger Schatz.

Ich bewundere und bin stolz auf Dich!

Liebe Leser,

Diabetes Typ 1 bereits im jungen Kindesalter zu bekommen verändert das Leben der ganzen Familie. Dies soll und darf aber kein Hindernis sein, einen normalen (Kinder-)Alltag zu erleben.

Als mein Sohn in den Kindergarten kam, suchte ich leider vergebens nach einem Buch für Kleinkinder, das Diabetes einfach und vor allem positiv erklärt. Alle Kinder fragen ja und wollen wissen, was Diabetes bedeutet und was alles anders ist als bei anderen Kindern. Deshalb ergriff ich die Initiative und schrieb selbst mein erstes Kinderbuch. Ich hoffe damit auch anderen helfen zu können.

Dieses Buch soll in einfachen Worten das grundlegende Wissen über Diabetes Typ 1 vermitteln – und zwar so, dass es ein Kind im Alter zwischen 3 und 5 Jahren bereits verstehen kann. Daher habe ich, soweit es geht, auf medizinische Fachbegriffe verzichtet. Ebenso ist dieses Buch als erster Einstieg in „die Diabetes-Welt" für ältere Kinder geeignet, um das Wissen später mit altersgerechter und ausführlicherer Literatur zu vertiefen.

Ich freue mich, wenn dieses Buch Kinder ermutigt, weitergehende Fragen zu stellen und mehr darüber wissen zu wollen.

Ich wünsche Ihnen und Euch viel Spaß mit dem Buch!

Cecilia Lorenzo Fernández

Hallo, ich heiße Valentin!

Ich bin viereinhalb Jahre alt und ich bin schon groß. Manchmal bin ich auch Pirat, aber Fußballspielen mag ich auch.

Meine Lieblingsessen sind Spaghetti und Wiener Würstchen. Und meine Lieblingstiere sind Hunde und Katzen. Tiger finde ich auch toll – aber Mama sagt, die sind gefährlich. Deswegen darf ich keinen haben.

Ich gehe gerne in den Kindergarten. Dort habe ich viele Freunde.

Frederik   Tobias   Valentin   Lena   Marie

Meine besten Freunde sind Marie, Frederik, Lena und Tobias.

Unsere Erzieherin heißt Laura. Sie liest uns immer spannende Geschichten vor und denkt sich tolle Spiele für uns aus.

Ab Morgen gehe ich wieder in den Kindergarten. Ich bin schon sehr aufgeregt, weil ich alle meine Freunde wiedersehen werde.

Ich war einige Zeit nicht dort gewesen, weil ich im Krankenhaus war. Der Arzt sagte, dass ich Diabetes Typ 1 habe.

Morgen werde ich alles meinen Freunden erzählen! Jetzt muss ich schlafen, damit ich morgen fit bin! Gute Nacht.

Das ist mein Kindergarten. Er ist ganz in der Nähe von Zuhause.

Der Kindergarten ist ein großes Haus mit einem riesig großen Garten. Dort können wir alle ganz toll spielen.

Ich gehe jetzt in die gelbe Gruppe! Das gefällt mir, denn da bin ich schon bei den Großen. Nächstes Jahr – wenn ich fünf werde - komme ich dann in die grüne Gruppe.

Hallo! Valentin ist wieder da!

Wo warst du denn? Warum warst du nicht im Kindergarten? Warst du im Urlaub oder etwa krank?

Ich war im Krankenhaus, aber jetzt geht es mir wieder gut!

Ich war immer sehr müde und durstig und musste viel Pippi machen. Meine Eltern brachten mich deshalb zum Arzt ins Krankenhaus. Dort stellte man fest, dass ich Diabetes Typ 1 habe.

Was ist das? Tut das weh? Wann wirst du wieder gesund? Ist das schlimm? Ist das ansteckend?

Nein, es ist nicht ansteckend! Für mich ist es eigentlich gar keine richtige Krankheit, da ich mich nicht krank fühle. Es ist auch nicht so schlimm, wie alle erstmal denken.

Der Arzt sagt, ich werde es immer haben und dass man noch nicht genau weiß, warum und woher Diabetes kommt.

Aber wenn ich immer brav meinen Blutzucker messe und Insulin bekomme, kann ich alles machen und alles essen was ich will.

Hier! Schaut mal! Das ist mein Blutzuckermessgerät.

Mit sauberen Händen stecke ich einen Sensor rein, piekse mit dem „Piekser" in meinen Finger und ...

   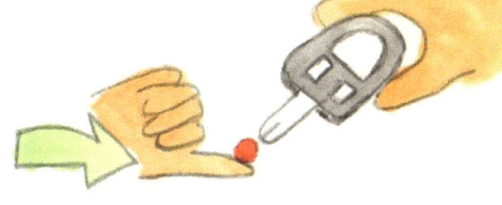

... gebe dann einen Blutstropfen auf den Sensor.

Danach erscheint eine Zahl auf dem Display. Das ist mein Blutzuckerwert!

Den Wert zeige ich Mama, Papa oder der Erzieherin Laura. Dann wissen wir ob alles in Ordnung ist. Wenn nicht, muss ich etwas essen oder trinken – oder ich brauche etwas Insulin.

Insulin? Was ist das? Warum brauchst du das? Tut das weh?

Insulin hilft mir stark zu bleiben! Es ist eine Art Schlüssel im Körper. Der öffnet Türen, damit die Energie vom Essen dort genutzt werden kann, wo ich sie brauche: zum Beispiel im Gehirn oder in den Muskeln.

Anders als bei Euch produziert mein Körper kein Insulin. Deshalb bekomme ich es mit einem Pen – immer vor dem Essen oder wenn mein Blutzucker hoch ist.

Aber da helfen mir noch meine Mama oder mein Papa.

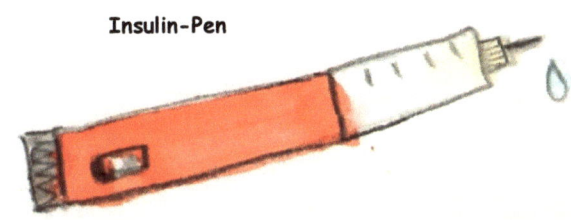
Insulin-Pen

Das hier ist so ein Pen. Der sieht aus wie ein dicker Kugelschreiber. Damit bekomme ich das Insulin. Das piekst und tut schon ein bisschen weh, aber man gewöhnt sich daran.

Mama und Papa rechnen immer wie viel Insulin ich brauche, aber das werde ich auch irgendwann ganz allein können. Dafür muss ich aber zuerst einmal rechnen lernen.

Insulinpumpe ohne Schlauch mit Fernbedienung

Insulinpumpe mit Schlauch

Im Krankenhaus habe ich Viktoria und Julian kennen gelernt, sie haben auch Diabetes Typ 1 und haben eine Insulinpumpe bekommen anstatt Pen.

Das ist ein kleines Gerät, wie ein Kasten, mit oder ohne Schlauch. In der Pumpe ist das Insulin drinnen. Das Gerät versorgt einen rund um die Uhr mit Insulin.

Wenn die beiden zum Beispiel etwas essen möchten, drücken sie auf einen Knopf mit der Menge an Insulin, die sie fürs Essen brauchen, und die Insulinpumpe pumpt das Insulin in ihren Körper.

Wenn ich turne oder tobe, Sport mache, schwimmen gehe oder auf dem Spielplatz oder im Garten spiele, verbrauche ich viel Energie.

Dann brauche ich meistens etwas zusätzlich zum Essen, damit mir nicht schlecht wird.

Meistens esse ich dann Traubenzucker, Banane oder trinke einen Apfelsaft.

So habe ich immer genug Kraft und Ausdauer!

Und was ist, wenn dir doch schlecht wird?

Dann habe ich plötzlich viel Hunger

Oder ich zittere wie ein Wackelpudding

Oder ich schwitze ganz viel

Oder ich erzähle Unsinn, bin albern und laut

Oder ich werde aggressiv

Aber: wenn ich es nicht merke und weiter tobe und renne und ihr was Komisches an mir merkt,

oder wenn ich plötzlich auf den Boden falle und weine oder nicht mehr aufstehe, oder mich auf den Boden lege und schlafe,

dann sagt bitte der Erzieherin Laura Bescheid! Sie weiß was jetzt zu tun ist.

Vielleicht muss sie sogar den Notarzt rufen. Das ist aber nicht schlimm sondern dann sogar gut. Der Arzt kann mir im Notfall ganz schnell helfen. Und dann ist alles wieder gut.

Ja, klar, das machen wir!

Wir sind doch deine Freunde!

Wir passen schon auf dich auf!

Wir sind ja alle so froh, dass es dir wieder gut geht und du wieder bei uns bist!

ENDE